NÄHEN MIT STOFFRESTEN

Neue Nähideen
für alle Gelegenheiten

KOLLEKTION KREATIV

Bechermalve
Mont Blanc

TASCHENTRÄUME 40

WUNDERVOLL WOHNEN 62

NÜTZLICHE HOBBYSCHÜRZE

Schnell umgebunden ist alles griffbereit! So findet alles seinen Platz und es muss nichts gesucht werden.

Material
- Leinenstoff in Hellblau, 130 cm breit, Rest
- Baumwollstoff in Blau mit Blumenmuster, 140 cm breit, Rest
- Nähgarn in Weiß und Hellblau
- Saumband in Weiß
- Tageszeitung
- Blatt Papier, DIN A4
- Teller

1. Für die Schürze den Leinenstoff rechts auf rechts aufeinanderlegen. Die Tageszeitung und das DIN-A4-Papier bündig auf den Stoffbruch legen und mit Stecknadeln feststecken. Die Konturen der Tageszeitung und des DIN-A4-Papiers auf den Stoff übertragen. Den Teller auf die Zeitung und das DIN-A4-Papier legen und einen Bogen zwischen Brust- und Bauchteil übertragen.

2. Beide Papiere abnehmen und den Stoff an einigen Stellen mit Stecknadeln fixieren, damit er beim Zuschneiden nicht verrutschen kann. Die Schürze mit einer Nahtzugabe von 1 cm ausschneiden. Den Stoff bügeln und die Kanten 1 cm nach innen umbügeln.

3. Jeweils Saumband in Hüfthöhe und an den Oberkanten des Latzes anheften. Die Kanten der Schürze knappkantig absteppen, dabei die Bänder mitfassen.

4. Für die Tasche das DIN-A4-Papier auf den Blumenstoff legen, feststecken und die Konturen übertragen. Den Stoff mit einer Nahtzugabe von 1 cm zuschneiden. Alle Kanten 1 cm nach innen bügeln.

5. Das Saumband an der langen Oberkante der Tasche aufstecken und festnähen.

6. Die Tasche mittig auf die Schürze legen und heften. Danach die Seiten und die Unterkante aufsteppen, die Oberseite bleibt offen.

TASCHENTRÄUME

Was kann eine Frau nie genug haben? Richtig! Taschen sind ständige Begleiter und verlässliche Aufbewahrer aller wichtigen Dinge, die frau unterwegs so braucht. Umso schöner, wenn sie eine ganz besondere Note bekommen und aus den Lieblingsstoffen genäht werden können. Ob stylischer Shopper für den nächsten Trip in die City, praktische Bauchtasche für den nächsten Spaziergang mit Ihrem Hund, farbenfrohes Mini-Täschchen für die Taschentücher oder die nostaligsch-romantische Handyhülle für den nächsten Opernbesuch – für jede Gelegenheit ist etwas dabei.

BEZAUBERNDER KOSMETIKBEUTEL

Hier ist alles hübsch verstaut! Ob Nagellack, Make-up, Lidschatten, Pinsel und Co. Sie sind unterwegs bestens gerüstet und finden alles schnell wieder.

Material
- Baumwollstoff in Braun mit Blumenmuster, 51 cm × 25 cm
- Futterstoff in Creme, 51 cm × 25 cm
- Volumenvlies zum Aufnähen, 51 cm × 25 cm
- farblich passendes Nähgarn
- schmales Satinband
- Knopf in Beige

1 Aus dem Baumwoll-, Futterstoff und Volumenvlies jeweils 1 langen Streifen von 41 cm × 25 cm für den Beutel und 1 kurzen Streifen von 10 cm × 25 cm für die Klappe zuschneiden.

2 Die beiden Vliesteile jeweils auf die linke Seite des passenden Baumwollstoffs nähen. Die wattierten Stoffstreifen jeweils rechts auf rechts auf die passenden Futterteile nähen, dabei eine Wendeöffnung von ca. 10 cm offen lassen. Die Streifen wenden und die Wendeöffnung von Hand schließen.

3 Den größeren Stoffstreifen für den Beutel rechts auf rechts mittig so zusammenlegen, dass eine Hälfte ca. 1 cm länger ist als die andere. An den Außenkanten zusammennähen und den Beutel wenden.

4 Auf die Rückseite des Beutels den kurzen Stoffstreifen kantenbündig so an den Überstand nähen, dass die cremefarbene Seite des Futters beim Umklappen nach außen zeigt.

5 Aus dem schmalen Satinband mittig eine kleine Schlaufe an die entstandene Klappe nähen. Den Knopf im passenden Abstand vorn auf die Tasche nähen.

TIPP: Wer mag, kann den Knopf mit beigefarbenem Stoff überziehen.

KÜHLTASCHE FÜRS PICKNICK

Die Sonne lacht, der Wetterbericht sagt tolle Temperaturen voraus. Nichts wie los an den nächsten See oder in den nächsten Park. In dieser Tasche haben Sie alles Notwendige für ein Picknick mit dabei.

1 Aus den beiden Wachstüchern jeweils 1 Taschenteil am Stück mit den im Schnittschema angegebenen Maßen zuschneiden. Die Außenmaße enthalten eine Nahtzugabe von 1 cm. Für die aufgesetzte Tasche 1 Rechteck von 23 cm × 36 cm zuschneiden. Aus der Thermofolie 2 Seitenteile à 23 cm × 23 cm, je 1 Vorderseite, Boden und Deckel à 37 cm × 23 cm und 1 Rückseite von 37 cm × 25 cm zuschneiden.

2 Die aufgesetzte Tasche an einer Längskante 2 cm umschlagen und absteppen. Die 3 übrigen Seitenkanten 1 cm umschlagen. Die Tasche knappkantig auf die Vorderseite der Außentasche steppen, dabei nach Belieben zusätzlich quer ein 12 cm breites Fach oder mehrere Fächer absteppen.

3 Beide Taschenteile am Boden rechts auf rechts falten und die 4 Seitennähte der Außentasche mit einer Nahtzugabe von 1 cm, die der Innentasche mit einer Nahtzugabe von 1,2 cm absteppen. So passen beide Teile perfekt ineinander.

4 Auf die linken Seiten der Innentasche mit doppeltem Klebeband die entsprechenden Teile aus Thermofolie kleben. Den Papp- oder Plastikboden in die Außentasche legen und eventuell mit doppelseitigem Klebeband fixieren. Die Innentasche links auf links in die Außentasche schieben.

5 Den Reißverschluss an die oberen Kanten nähen. Den Tragegriff mittig auf dem Deckel montieren. Dafür an beiden Seiten 2 kleine Löcher mit einer dicken, spitzen Nadel vorbohren. Den Griff mit festem Nähgarn von Hand durch alle Schichten annähen.

TIPP: Die Rückseite muss 2 cm höher sein, weil beim Einnähen des Reißverschlusses diese Höhe an den Seitenteilen und dem Vorderteil zusätzlich entsteht.

Material

- Wachstuch in Weiß mit Blumenmuster, 110 cm × 90 cm
- Wachstuch in einer Farbe nach Wahl, 110 cm × 90 cm
- Thermofolie (z. B. Frostschutzscheibenabdeckung für PKW), 200 cm × 60 cm
- farblich passendes Nähgarn
- Gurtband oder Leder in Blau (für den Tragegriff), 20 cm × 3 cm
- teilbarer Reißverschluss in Blau, 80 cm lang
- feste Pappe oder Plastik (für den Boden), 38 cm × 24 cm
- doppelseitig klebendes Klebeband

Schnittschema

Schnittmusterbogen 1A

PRAKTISCHE UMHÄNGETASCHE

Was gibt es Schöneres, als den nächsten Einkauf auf dem Wochenmarkt? In dieser geräumigen Tasche verstauen Sie Ihre neuen Schätze perfekt für den Heimweg.

1 Für die Tasche aus dem Stoff und der Vlieseline jeweils 1 Rechteck von 56 cm × 84 cm und für die Henkel 2 Streifen à 32 cm × 90 cm zuschneiden. Die Vlieseline von links auf die Stoffteile bügeln.

2 Das Rechteck für die Tasche an den Kanten mit einem Zickzackstich versäubern. Die kurzen Seiten der Tasche (Ober- und Unterkante) nach links umbügeln, sodass eine saubere Kante entsteht.

3 Das Zierband von rechts an der Ober- und Unterkante feststecken und aufsteppen. Das Taschenteil rechts auf rechts mittig falten und die Seitennähte zusammennähen.

4 Für die Henkel die Stoffstreifen der Länge nach links auf links mittig falten und bügeln. Die Streifen wieder auseinanderklappen. Die Kanten zur eingebügelten Mitte falten und abermals bügeln. Die Streifen mittig zusammenklappen, bügeln und die Längskanten absteppen. Die schmalen Kanten der Stoffstreifen umbügeln, sodass eine saubere Kante entsteht. Die Taschenhenkel von innen an die Tasche nähen.

Material

- Baumwollstoff in Grün mit Ornamenten, 110 cm × 120 cm
- Vlieseline zum Aufbügeln, 110 cm × 120 cm
- Nähgarn in Petrol
- Zierband in Petrol

Süsse Taschentuchtaschen

Geben Sie Ihren Taschentüchern einen neuen Look! In den kunterbunten Taschen werden Sie ganz individuell aufbewahrt und wunderbar geschützt.

Material
- Baumwollstoff in Weiß gemustert, Grün gemustert oder Rosa gemustert, 17 cm × 16 cm
- Schrägband in Lila, Hell- oder Royalblau, ca. 35 cm lang
- farblich passendes Nähgarn

1 Aus dem Stoff 1 Streifen von 16,5 cm × 15,5 cm zuschneiden. Die beiden schmaleren Seiten (15,5 cm) mit dem Schrägband einfassen.

2 Die beiden mit Schrägband eingefassten Seiten rechts auf rechts wie abgebildet zur Mitte falten und feststecken. Die offenen Seitenkanten rechts und links mit einer Nahtzugabe von ca. 1 cm absteppen.

3 Auf jeder Seite die Stofflagen an den beiden entstandenen Ecken auseinanderziehen und zur Seite knicken (wie bei einer Milchtüte). Mit einer Stecknadel fixieren. Die Ecken mit einem Abstand von ca. 1 cm zur Ecke absteppen. Die Taschentuchtasche wenden.

TIPP: **Falls Sie noch alte Kinderstofftaschentücher haben, eignen diese sich hervorragend, um als solch eine Taschentuchtasche zu neuen Ehren zu kommen. Die aufgedruckten Motive kommen noch einmal besonders gut zur Geltung.**

handmade

BLUMIGER TÜRKRANZ

Dieser Türkranz ist eine besonders hübsche Ergänzung für Ihre Tür. Ob draußen oder drinnen, so einen echten Hingucker dürfen Sie sich nicht entgehen lassen.

Material

- Bauwollstoff in Rosa, Gelb, Orange und Pink je mit Vichy-Karo, Reste
- Baumwollstoff in Weiß
- farblich passendes Nähgarn
- farblich passendes Stickgarn
- Tüllband in Pink
- Baumwollband in Flieder
- 11 Dekonadeln
- Füllwatte
- Styroporkranz
- kleine Teller oder Gläser in verschiedenen Größen

1 Für eine Blüte einen Teller auf einen karierten Stoff legen, die Konturen übertragen und den Kreis ausschneiden. Den Kreis entlang des Außenrandes heften und den Heftfaden leicht ziehen, sodass sich der Stoffkreis zusammenzieht. Den Stoffkreis mit Füllwatte füllen, das Kissen ganz schließen und den Faden vernähen.

2 Das Kissen von der Mitte aus mit Stickgarn in mehrere Teile teilen, sodass eine Blütenform entsteht. Auf diese Weise 11 Blüten in verschiedenen Größen herstellen.

3 Aus dem weißen Stoff einen langen Stoffstreifen zuschneiden und um den Styroporkranz wickeln. Anfang und Ende des Streifens feststecken. Die Blüten jeweils mit einer Dekonadel in den Kranz stecken. Das Tüllband in 6 gleich lange Stücke schneiden und 6 kleine Tüllschleifen um den Kranz binden. Den Kranz an dem Baumwollband aufhängen.

2kg

GARAGE FÜR DIE FERNBEDIENUNG

Kein Gesuche mehr nach der Fernbedienung. Mit dem neuen Sofa-Utensilo finden Sie sie ganz schnell wieder und sie kann nicht mehr in die Sofa-Ritze rutschen. Der farbenfrohe Überwurf ist außerdem ein toller Hingucker und peppt Ihre Möbel auf.

Material

- Baumwollstoff in Grün mit Punkten, 100 cm × 32 cm
- Baumwollstoff in Hellblau, 100 cm × 45 cm
- Vlieseline zum Aufbügeln, Rest
- farblich passendes Nähgarn
- Sticktwist in Grün
- Zackenschere

1 Aus dem grünen und blauen Stoff jeweils 1 Rechteck von 100 cm × 32 cm zuschneiden. Die Rechtecke rechts auf rechts aufeinanderlegen, feststecken und an 3 Seiten zusammensteppen. Das Rechteck wenden. Die offene Kante nach innen schlagen und absteppen.

2 Eine schmale Seite ca. 14 cm umklappen und mit grünem Sticktwist absteppen.

3 Aus dem blauen Stoff noch 2 kleine Rechtecke ausschneiden und die Vlieseline von links aufbügeln. Die Rechtecke mit der Zackenschere versäubern und oberhalb der umgeschlagenen Seite mit grünem Sticktwist aufsteppen.

TIPP: Wenn Sie keine kleinen Fächer benötigen, setzen Sie doch stattdessen ein Fach für Ihr Tablet oder Ihren E-Reader auf. Messen Sie die Geräte aus und geben Sie rundum noch ca. 1 cm Stoff dazu. Verfahren Sie ansonsten so, wie in Punkt 3 zu den kleinen Rechtecken beschrieben wurde.

56 | Handelsblatt

Schicker Schuhbeutel

Transportieren Sie Ihre neuen Schuhe mit Stil. In diesem schönen Beutel sind Ihre Lieblingsstücke gut geschützt und hübsch verstaut. Ob zu Hause oder auf Reisen – ein absolutes Muss für Schuhfreunde.

1 Den blauen Stoff rechts auf rechts zur Hälfte falten, die Seitennähte absteppen und die Kanten mit Zickzackstich versäubern. Den Schuhbeutel wenden.

2 Die Oberkante zweimal nach innen einschlagen und einen Tunnel nähen. An beiden Seiten ein kleines Loch in den Tunnel schneiden und die Kanten von Hand versäubern.

3 Das Satinband mithilfe der Sicherheitsnadel durch den Tunnel ziehen. Die Bandenden verknoten.

4 Das Schnitteil auf den rosa Stoffrest übertragen und in doppelter Stofflage ausschneiden. Das Vliesofix von links auf den Stoff bügeln, die Schuhe ausschneiden und auf den Beutel bügeln. Aus dem Stoffrest 2 kleine Schleifchen formen und zusammen mit der Zackenlitze auf den Schuh kleben.

Material

- Baumwollstoff in Blau, 24 cm × 80 cm
- Baumwollstoff in Rosa kariert, Rest
- Vliesofix, Rest
- farblich passendes Nähgarn
- Satinband in Rosa
- Zackenlitze in Rosa
- Sicherheitsnadel
- Textilkleber

Schnittmuster

Schnittmusterbogen 1B

APFEL-TÜRSTOPPER

Kunterbuntes Obst für Ihre Tür! Dieser Türstopper sorgt für frischen Wind in Ihren heimischen vier Wänden. Die farbenfrohen Stoffe machen richtig gute Laune und zaubern Ihnen ein Lächeln auf die Lippen.

Material

- Baumwollstoff in Rot mit Apfelmuster, Rest
- Baumwollstoff in Rot-Weiß gemustert, Rest
- Baumwollstoff in Grün gemustert, Rest
- farblich passendes Nähgarn
- Lederband in Grün
- Füllwatte
- Sand in kleinem Plastikbeutel

Schnittmuster
Schnittmusterbogen 1A

1 Die Schnittmuster in der angegebenen Größe auf die Stoffreste übertragen: Aus dem grünen Stoff 2 Blätter ausschneiden und aus den roten Stoffen ingesamt 4 Seitenteile und 1 runden Boden ausschneiden.

2 Die Blattteile rechts auf rechts aufeinanderlegen, feststecken und zusammennähen, dabei unten eine Wendeöffnung offen lassen. Das Blatt wenden und mit Füllwatte füllen.

3 Die 4 Apfelseiten nacheinander rechts auf rechts an den Längsseiten aneinandernähen und in die Spitze das Lederband und das Blatt einnähen.

4 Die aneinandergenähten Apfelseiten rechts auf rechts an den Boden nähen, dabei eine Wendeöffnung offen lassen. Den Apfel wenden und mit Füllwatte und dem »Sandsack« füllen. Die Wendeöffnung von Hand schließen.

KLEINE VOGELANHÄNGER

Ob Frühling oder Winter: Diese fliegenden Gesellen machen sich immer gut. Entweder hängen Sie sie in Ihren nächsten Strauß oder Sie benutzen sie als Geschenkanhänger und machen anderen eine Freude.

1 Den Stoff rechts auf rechts aufeinanderlegen. Das Schnittteil für den Vogel auf den Stoff übertragen und in doppelter Stofflage ausschneiden.

2 Die Stoffteile rechts auf rechts aufeinanderlegen und rundum zusammennähen, dabei eine 3 cm lange Wendeöffnung offen lassen. Den Vogel wenden und mit Füllwatte ausstopfen. Die Wendeöffnung von Hand schließen.

3 Das Satinband oben als Aufhängung an den Vogel nähen.

Material pro Vogel

- Baumwollstoff in Weiß-Blau gemustert, Rest
- farblich passendes Nähgarn
- schmales Satinband in Rot-Weiß kariert
- Füllwatte

Schnittmuster
Schnittmusterbogen 1A

TIPP: Wer mag, kann das Schnittteil ganz nach Belieben vergrößern oder verkleinern und so eine kunterbunte Vogelschar in allen Größen nähen.

Genähter Brotkorb

Frisches Brot und leckere Brötchen sind hier gut verstaut. Genießen Sie Ihr Sonntagsfrühstück und freuen Sie sich über die selbst genähte Kreation auf Ihrem Tisch.

Material
- Baumwollstoff in Blau mit Blumenmuster, 63 cm × 45 cm
- Baumwollstoff in Weiß-Blau kariert, 63 cm × 45 cm
- farblich passendes Nähgarn

1 Die beiden Stoffstücke links auf links aufeinanderlegen und mittig zu einem Rechteck von 31,5 cm × 45 cm falten.

2 Die untere und die seitliche Kante mit einer Nahtzugabe von 1,5 cm absteppen. Die Kanten versäubern.

3 Den Beutel auf die untere Nahtkante setzen, dabei die Ecken auseinanderziehen. Die Ecken (wie bei einer Milchtüte) 4 cm breit abstecken und absteppen.

4 Den Brotkorb wenden, sodass die Nähte innen liegen, und den Rand umkrempeln.

TIPP: Um dem Brotkorb mehr Festigkeit zu verleihen, können Sie ein entsprechendes Stück Vlieseline zwischen die beiden Stoffe legen und sie anschließend mittig falten und absteppen.

BANDANA-KLEIDERBÜGEL

Haben Sie noch ein altes Halstuch, das eigentlich zu schade zum Wegschmeißen ist? Perfekt! Beziehen Sie damit doch einen alten Kleiderbügel. So setzen Sie in Ihrem Kleiderschrank neue Akzente und schützen die empfindlichen Stoffe Ihres Lieblingsoutfits.

1 Die Füllwatte doppelt legen und um den Bügel legen. Die Watte 2 cm um den Bügel herum zuschneiden und die Watte mit ein paar Stichen rundum zusammennähen.

2 Den Umfang und die Länge des Bügels inklusive der Watte ausmessen. Aus dem Bandana-Halstuch in dieser Größe 1 Rechteck zuschneiden.

3 Den Stoff in der Mitte falten und in die Mitte ein kleines Loch für den Haken des Bügels schneiden. Den Stoff über den Haken des Bügels ziehen. Den Lavendel zwischen den Stoff und die Watte legen.

4 Den Stoff um den Bügel legen, an allen Kanten 0,5 cm einschlagen und von Hand zunähen.

Material
- Bandana-Halstuch
- farblich passendes Nähgarn
- Füllwatte
- Lavendel
- Kleiderbügel

TIPP: Sollten Sie kein altes Bandana-Halstuch haben, können Sie natürlich auch jeden anderen hübsch gemusterten Stoff mit den Maßen ca. 54 cm × 54 cm zum Beziehen des Kleiderbügels verwenden.

stricken
Haupt
Tellier-Loumagne
Textildesign Sticken
Ingela Broling und Petra Eriksson
hell & zauberhaft
Ingela Broling und Petra Eriksson
Inspiration in Weiß

EMIL EULE

Dieser kleine Federfreund möchte gerne geknuddelt werden. Er guckt Sie aus großen Augen an und wartet auf einen passenden Platz, an dem er sich zu Hause fühlen darf.

1 Die Schnittmuster auf die jeweiligen Stoffe übertragen. Die offenkantigen Schnittteile haben keine Nahtzugabe, der Körper und die Füße enthalten eine Nahtzugabe von 1 cm. Den Körper in doppelter Stofflage aus dem gelben Stoff ausschneiden. Die Augenpartie aus dem pinkfarbenen Stoff ausschneiden. Die Vlieseline auf die Rückseite bügeln.

2 Die Füße 2× in doppelter Stofflage aus dem pinkfarbenen Stoff zuschneiden. Jeweils 2 Teile rechts auf rechts aufeinanderlegen und mit einer Nahtzugabe von 1 cm absteppen. Dabei die gerade Kante unten offen lassen, an die die Eule genäht wird. Die Füße wenden und mit Füllwatte füllen. Die offenen Kanten schließen.

3 Die Stirn und den Bauch je 1× aus gemustertem Stoff zuschneiden und mit Vlieseline verstärken. Den Bauch und die Stirn auf die rechte Seite eines gelben Körperteils legen und knappkantig aufnähen.

4 Die Augenpartie oberhalb der Bauchpartie platzieren und ebenfalls knappkantig aufnähen. Aus dem weißen und schwarzen Filz die Augen zuschneiden und mit Textilkleber auf die Augenpartie kleben. Die Nase aus einem gemusterten Stoff ausschneiden, mit Vlieseline verstärken und mit Textilkleber auf die Augenpartie und den Bauch kleben.

5 Beide Körperteile rechts auf rechts aufeinanderlegen. Die Füße links und rechts an der unteren Seite so feststecken, dass sie innen liegen. Den Körper ringsum mit einer Nahtzugabe von 1 cm absteppen, dabei an der Innenseite eines Fußes beginnen und an der Innenseite des anderen Fußes enden, damit zwischen den Füßen eine Wendeöffnung offen bleibt. Die Eule wenden und mit Füllwatte füllen. Die Wendeöffnung von Hand schließen.

Material

- Baumwollstoff in Gelb, 35 cm × 36 cm
- Baumwollstoff in Pink, Rest
- Baumwollstoff in Weiß gemustert, 20 cm × 20 cm
- Baumwollstoff in Grün gemustert, 20 cm × 20 cm
- Filz in Weiß und Schwarz, Reste
- Vlieseline, Rest
- farblich passendes Nähgarn
- Textilkleber
- Füllwatte

Schnittmuster
Schnittmusterbogen 1B

BANDANA-LAMPENSCHIRM

Hell erleuchtet werden Ihre heimischen vier Wände mit diesem Halstuch-Lampenschirm. Er ist schnell gemacht und ein absoluter Hingucker.

1 Den Umfang und die Höhe des Lampenschirms ausmessen und für den Rand oben und unten jeweils 2,5 cm dazurechnen.

2 So viele verschiedene Bandana-Halstücher rechts auf rechts aneinandernähen, dass 1 Rechteck mit den entsprechenden Maßen entsteht.

3 Das Bandana-Rechteck mit der linken Seite nach unten um den Lampenschirm legen und auf der Innenseite des Lampenschirms mit doppelseitigem Klebeband fixieren. Zum Schluss noch das Lampenkabel einsetzen.

Material

- Bandana-Halstücher in verschiedenen Farben und Mustern, je ca. 54 cm × 54 cm
- farblich passendes Nähgarn
- doppelseitiges Klebeband
- Lampenkabel
- alter Lampenschirm

TIPP: Wenn Sie kein Bandana-Halstuch zur Hand haben, können Sie auch Geschirrtücher verwenden. Mit tollem Druck werden Sie zum Hingucker in Ihrer Küche.

TISCHDECKE MIT PATCHWORKBORDÜRE

Eine alte Tischdecke peppen Sie ganz schnell mit einer neuen Patchwork-Bordüre auf. Staunen Sie, wie einfach und effektiv Sie Ihre Kaffeetafel verändern können.

1 Für die Patchworkbordüre aus den sommerlichen Stoffen jeweils Quadrate à 16 cm × 16 cm zuschneiden.

2 Jeweils so viele Quadrate rechts auf rechts aneinandernähen, dass die Quadratreihe der Länge bzw. der Breite der Tischdecke entspricht. Die untere Kante der Stoffreihe säumen und die obere Kante der Stoffreihe rechts auf rechts an die Tischdecke nähen.

3 Auf die gleiche Weise alle vier Seiten der Tischdecke mit einer Bordüre versehen.

Material

- verschiedene Stoffe in sommerlichen Farben gemustert, Reste
- farblich passendes Nähgarn
- Tischdecke in Blau

TIPP: Für die Patchworkbordüre benötigen Sie nicht unbedingt neue Stoffe. Vielleicht haben Sie ja ein paar ausgediente Baumwoll-Blusen mit einem passenden Muster, die Sie hier wiederverwenden können.

GEWICKELTE BESTECKTASCHE

Ihr Besteck für unterwegs können Sie in dieser Bestecktasche besonders hübsch verwahren. Ob im heimischen Schrank, fürs nächste Picknick oder für die Mittagspause im Büro. Hier finden Sie alles griffbereit.

Material

- Stoff in uni Lila, 32 cm × 60 cm
- Stoff in Lila gemustert, 32 cm × 40 cm
- Nähgarn in Lila
- Satinband in Lila, ca. 60 cm

1. Beide Stoffe je rechts auf rechts zur Hälfte falten. Die offenen Kanten mit Stecknadeln feststecken und die Seiten zusammensteppen. Beides wenden und bügeln.
2. Die offene Kante der gemusterten Tasche ca. 5 cm nach innen schlagen und knappkantig feststeppen.
3. Den unifarbenen Stoff mit der offenen Kante voraus in die Tasche stecken und die Seitenkanten knappkantig aufeinandernähen.
4. Das Besteck in die Tasche stecken und die Zwischenräume mit Stecknadeln markieren. Das Besteck wieder herausnehmen. Die Besteckfächer mit Nähten unterteilen.
5. Das Satinband von Hand an einer Seite der Tasche annähen. Die Bandenden mit einem Feuerzeug vorsichtig erhitzen, um das Band vor dem Ausfransen zu schützen.

TIPP: **Diese Tasche eignet sich nicht nur für Besteck. Sie können hier auch Stifte, Pinsel oder Nadelspiele zum Sockenstricken verstauen.**

KARLSSON
Das Schönste
das ein Mensch
hinterlassen kann
ist ein Lächeln
all Jenen
die an ihn denken
gutschein für

Fächerwand fürs Büro

Eine ganz neue Art, Ordnung zu schaffen, ist die Fächerwand für Ihr Büro. Lassen Sie Ihren Krimskrams in den dafür vorgesehenen Taschen verschwinden und freuen Sie sich über einen wunderbar aufgeräumten Schreibtisch.

1 Für die Rückwand des Utensilos die Vlieseline auf die linke Seite des beigefarbenen Filzes bügeln.

2 Für die Einstecktaschen nach Belieben unterschiedlich große Rechtecke und Dreiecke aus dem rosafarbenen, grauen und taupefarbenen Filz zuschneiden. Die Taschen auf der rechten Seite der Filzrückwand platzieren, feststecken und knappkantig aufsteppen. Die Nähte mit Edding oder Stoffmalstift nachzeichnen.

3 Für die Aufhängung die Rückwand an der oberen Kante 3 cm umschlagen und einen Tunnel absteppen. Das Rundholz in den Tunnel schieben. Die Kordel links und rechts in den Tunnel legen und die Öffnung mit der Kordel dazwischen von Hand schließen.

Material

- Filz in Beige, 50 cm × 70 cm
- Filz in Rosa, Grau und Taupe, je ca. 20 cm
- starke Vlieseline zum Aufbügeln, 50 cm × 70 cm
- farblich passendes Nähgarn
- weißer Edding oder Stoffmalstift
- Kordel, ca. 70 cm
- Rundholz, ø 1 cm, 46 cm

Verstärken mit Vlieseline

In Schnitten und Anleitungen ist meist vorgegeben, welche Schnittteile mit welcher Art von Einlage versehen werden sollen. Aufbügelbare Einlagen sind hierbei am einfachsten zu handhaben. Sie besitzen eine gekörnte Klebeseite, die sich durch Bügeln mit dem Stoff verbindet, sodass nichts mehr verrutschen kann. Eine Bügelempfehlung ist bei den Vlieseline-Einlagen auf dem Kantendruck zu finden. Zuerst sollte eine Probe auf einem entsprechenden Stoffrest gemacht werden, um die Haftung zu prüfen.

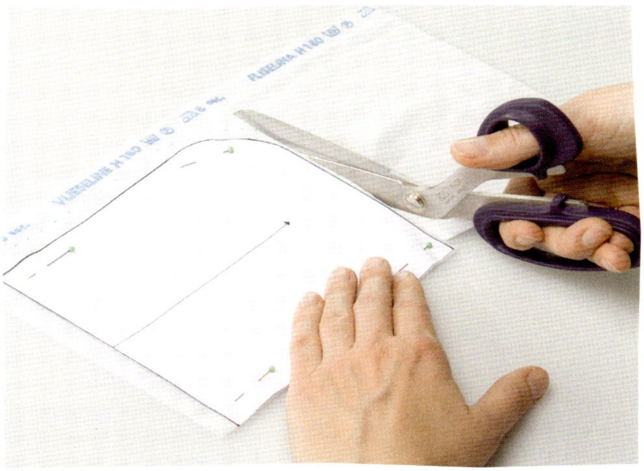

Vlieseline zuschneiden

Zum Zuschneiden der Vlieseline die entsprechenden Papierschnittteile auf die Vlieseline stecken, dabei wie beim Stoff den Fadenlauf berücksichtigen. Für halbe Schnittteile die Vlieseline doppelt legen und das Schnittteil im Bruch feststecken. Dann alle Teile mit Nahtzugaben ausschneiden, diese jedoch knapper bemessen als beim Stoff. Beim Auflegen von asymmetrischen Schnittteilen darauf achten, dass die gekörnte Klebeseite später auf die linke Stoffseite aufgebracht wird. Werden die Schnittteile auf die gekörnte Seite aufgelegt, müssen sie also umgedreht und spiegelverkehrt zugeschnitten werden.

Vlieseline aufbügeln

Den Vlieselinezuschnitt mit der gekörnten Seite auf die linke Stoffseite legen und nach den Bügelempfehlungen aufbügeln. Dabei laut Herstelleranweisung Schritt für Schritt oder langsam gleitend vorgehen und an jeder Stelle einige Sekunden leicht aufdrücken. Die verstärkten Stoffteile vor der Weiterverarbeitung etwa 20 Minuten abkühlen lassen.

Reissverschluss einnähen

Reißverschlüsse sind beim Nähen nicht wegzudenken und eine praktische Verschlusslösung für Schlitzöffnungen an Näharbeiten.

Die einfachste Arbeitsweise ist hierbei ein beidseitig verdeckter Reißverschluss, bei dem die Einsteppnaht auf der rechten Stoffseite sichtbar ist. Diese Methode wird häufig bei Kissen und Taschen angewendet. Hierfür sind Reißverschlüsse mit Kunststoffspirale empfehlenswert, da sie biegsamer sind als solche mit Zähnchen. Beim Einarbeiten eines Reißverschlusses ist es wichtig, dass die Länge von Schlitzöffnung und Spirale oder Zähnchenreihe des Reißverschlusses übereinstimmt, damit er später tadellos sitzt und funktioniert. Werden Reißverschlüsse mit Baumwollband verwendet, sollten diese vorgewaschen werden, um ein späteres Einlaufen zu verhindern. Bei leichten und dehnbaren Stoffen erleichtert es das Einnähen, wenn zuerst die Nahtzugaben mit einer leichten Bügeleinlage verstärkt werden.

Reissverschluss einnähen

1 An der Schlitzöffnung die Nahtzugaben versäubern, eventuell verstärken und nach links umbügeln. Den Stoff wenden.

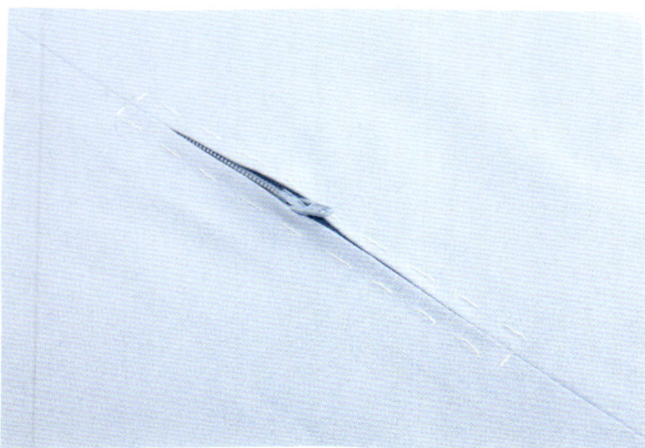

2 Nun den Reißverschluss in den Schlitz legen und an den Schlitzseiten mit Stecknadeln so unter die Stoffkanten stecken, dass die Spirale oder Zähnchenreihe nicht sichtbar ist. Die beiden Stoffkanten sollten genau in der Mitte über der Spirale oder Zähnchenreihe zusammenstoßen. Hilfreich können dabei schmale, transparente Klebestreifen sein, die auf der rechten Seite längs auf die Kanten geklebt werden und diese so in Position halten. Oben an der Reißverschlussöffnung muss der Gleiter etwas unterhalb der Nahtlinie sitzen, am unteren Ende ist das Endteil der Spirale bzw. der untere Stopper von der Naht verdeckt. Den Reißverschluss einheften und die Klebestreifen entfernen.

3 An der Nähmaschine den Reißverschlussfuß einsetzen. Zum Nähen der linken Reißverschlussseite muss der Fuß rechts im Nähfußhalter eingerastet sein, sodass die Nadel rechts vom Fuß einsticht. Den Reißverschluss öffnen. Oben an der linken Schlitzkante mit der kurzen Quernahthälfte beginnen, dann den Stoff um 90° drehen und dabei die Nadel im Stoff lassen. Nun so dicht neben der Schlitzkante entlangsteppen, wie es die Breite der Spirale oder Zähnchenreihe zulässt. Einige Zentimeter vor dem Bandende stoppen, dabei die Nadel im Stoff lassen. Den Nähfuß anheben und den Reißverschluss schließen. Den Nähfuß wieder senken und bis zum Bandende steppen.

4 Den Stoff um 90° drehen und die kurze Quernaht steppen. Den Stoff erneut um 90° drehen und einige Zentimeter nähen, dann den Reißverschluss wieder öffnen. Im gleichen Abstand zur Schlitzkante die rechte Reißverschlussseite bis zum oberen Ende einnähen und die Quernaht vervollständigen. Zuletzt den Heftfaden entfernen.

Reissverschluss kürzen

Reißverschlüsse werden in sehr vielen Maßen angeboten, jedoch nicht in allen. Je nach Länge sind sie in 2 cm bis 5 cm-Schritten verfügbar. Sollte ein Reißverschluss in der gewünschten Länge einmal nicht erhältlich sein, kann man längere Reißverschlüsse auch selbst kürzen. Nicht teilbare Verschlüsse werden am unteren Ende gekürzt. Dafür einfach einen Riegel nähen und das überschüssige Ende mit ca. 1,5 cm Abstand zum Riegel abschneiden. Dann den Reißverschluss ganz normal einnähen.

Knopfloch und Knopf

Maschinenknopfloch

Ein Knopfloch sollte etwa 2 mm länger sein als der Durchmesser des Knopfes. Es besteht aus zwei Längsnähten in Raupenstichen, das sind sehr enge Zickzackstiche, und zwei Querriegeln an den Enden. Die Stichlänge für die Riegel ist immer doppelt so lang wie für die Raupen. Eventuell muss die Oberfadenspannung etwas verringert werden.

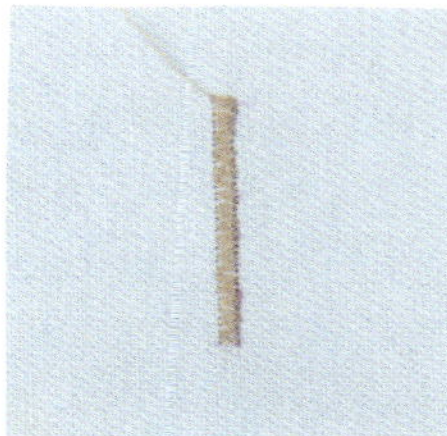

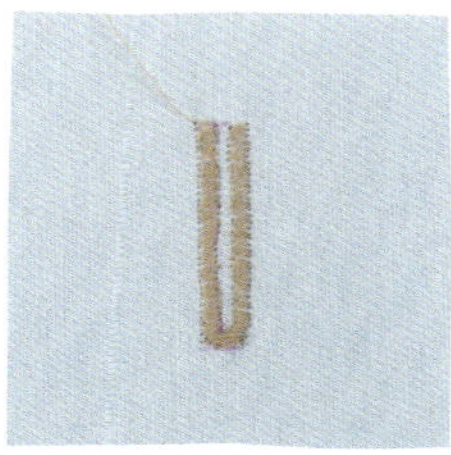

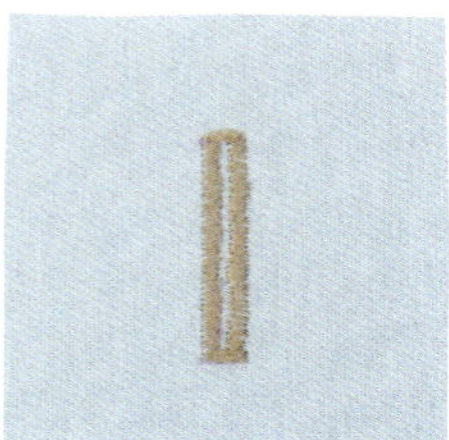

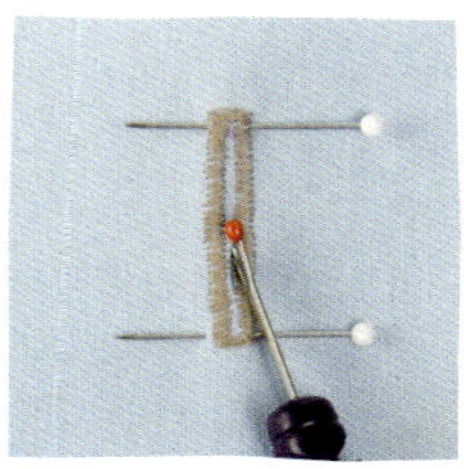

1 Länge und Lage des Knopfloches auf die rechte Stoffseite zeichnen. Einen 2–3 mm breiten, dichten Zickzackstich einstellen. Per Handrad die Maschinennadel in die linke Position bringen und links, am Beginn der ersten Längsraupe, in den Stoff führen. Nun die erste Raupe in der entsprechenden Länge nähen. Am Ende der Raupe die Nadel rechts im Stoff belassen.

2 Den Nähfuß anheben, den Stoff um 90° drehen und den Nähfuß wieder senken. Die Nadel in die obere Position bringen, die Stichbreite verdoppeln und für den Querriegel 4–6 Stiche nähen. Links stoppen und die Nadel im Stoff belassen.

3 Den Stoff nochmals um 90° drehen, die Nadel in die obere Position bringen und die Stichbreite erneut auf 2–3 mm einstellen. Die zweite Längsraupe dicht neben der ersten nähen, dabei aber darauf achten, dass sich die Stiche der beiden Raupen nicht überschneiden. Am Ende links stoppen und die Nadel im Stoff belassen.

4 Den Stoff erneut drehen und die Nadel anheben. Wieder die doppelte Stichbreite einstellen und den zweiten Querriegel nähen. Dann die Stichbreite auf 0 stellen und zum Sichern von Anfangs- und Endfaden einige Stiche auf der Stelle nähen. Alle Fäden auf die linke Seite ziehen und vernähen.

5 Innerhalb des Knopfloches vor die Riegel zum Schutz je eine Stecknadel stecken und das Knopfloch mit einer spitzen, kleinen Schere oder dem Nahttrenner aufschneiden. Die Stecknadeln entfernen.

AUFGESETZTE TASCHE

Taschen sind nicht nur praktisch, sie können je nach Verarbeitung auch optische Akzente setzen. Eine Tasche aus einfacher Stofflage ist schnell genäht und macht Kleidungsstücke oder Wohnaccessoires noch dekorativer.

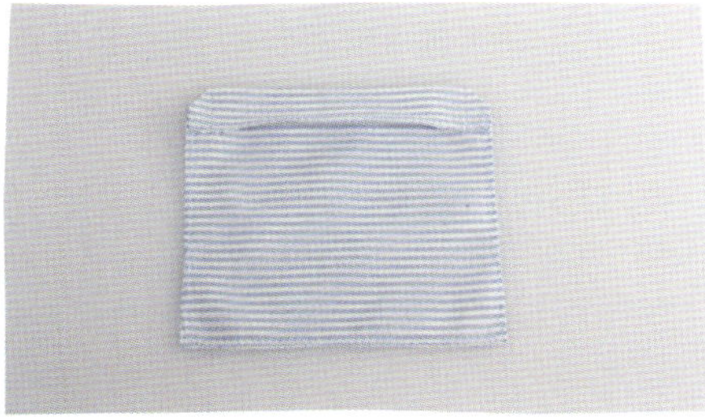

ECKIGE TASCHE

1 Eine Tasche in der gewünschten Größe zuschneiden. Dabei an der Oberseite ca. 1,5–3 cm und an den übrigen Kanten 1 cm Nahtzugabe berücksichtigen. Die Schnittkanten rundherum versäubern. Die obere Zugabe nach rechts umlegen und an den seitlichen Stoffkanten mit 1 cm Nahtzugabe zusammennähen. Die Ecken schräg abschneiden.

2 Den oberen Teil der Tasche wenden und, falls gewünscht, die umgeschlagene obere Kante noch einmal von der Vorderseite absteppen. Die übrigen Zugaben nach links umlegen und festheften. Die fertige Tasche an der entsprechenden Stelle des Modells aufstecken, dabei die Oberkante für den Eingriff etwas locker lassen, sodass sie eine leichte Wölbung bildet. Dann festheften und schmalkantig aufsteppen.

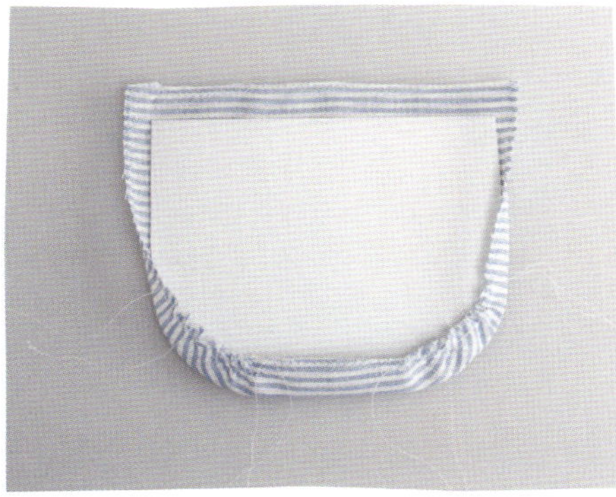

ABGERUNDETE TASCHE

Eine abgerundete Tasche wird wie eine eckige Tasche gearbeitet. Um jedoch schöne Rundungen zu erhalten, sollte zunächst entsprechend dem Schnittmuster eine Taschenschablone ohne Zugaben aus dünner Pappe angefertigt werden. Die Tasche mit Nahtzugaben aus dem Stoff ausschneiden und die obere Kante wie beschrieben verarbeiten. Dann entlang der Rundungen dicht neben der Schnittkante jeweils lange Stiche (4–6 mm) steppen, dabei die Fäden nicht sichern. Nun die Schablone auf die linke Seite der Tasche legen. Die Unterfäden der Einkräuselnaht festhalten und die Nahtzugaben zusammenschieben, bis sie flach auf der Schablone liegen. Die Fäden verknoten und die Schablone entfernen. Zuletzt die Tasche bügeln, dann an der entsprechenden Stelle aufstecken und festnähen.

APPLIZIEREN

Applikationen sind fertig gekaufte oder selbst gemachte Stoffmotive, die mit der Maschine oder von Hand, z. B. mit Langettenstichen, auf Näharbeiten aufgenäht werden. Sie eignen sich hervorragend zur Dekoration oder zum hübschen Kaschieren defekter Stellen. Besonders schnell und einfach geht das Applizieren mit Vliesofix-Haftvlies, das zwei Stoffe durch Bügeln miteinander verbindet. So können ein Verrutschen des Motivs beim Aufnähen sowie Faltenbildung verhindert werden. Das Motiv kann zuvor auf die spezielle Papierbeschichtung des Haftvlieses übertragen werden. Es ist empfehlenswert, beim Bügeln ein dünnes Tuch oder Backpapier zwischen Vliesofix und Bügeleisen zu legen, damit nichts am Eisen haften bleibt.

1 Das Muster auf die Vliesofix-Papierseite legen und, falls nicht anders angegeben, mit Bleistift oder Kugelschreiber ohne Nahtzugabe übertragen. Bei asymmetrischen Motiven, wie z. B. bestimmten Buchstaben und Zahlen, darauf achten, dass sie spiegelverkehrt aufgezeichnet werden, damit sie später richtig erscheinen. Das Motiv großzügig ausschneiden und mit der rauen Klebeseite auf die linke Seite des Applikationsstoffes legen. Dabei den Fadenlauf beachten. Nun das Motiv mit mittlerer Temperatur ca. 5 Sekunden trocken aufbügeln und abkühlen lassen.

2 Dann das Motiv exakt entlang der Außenkonturen ausschneiden und die Papierschicht vom Vliesofix abziehen.

3 Nun das Motiv umdrehen und mit der beschichteten Fläche nach unten auf den gewünschten Stoffuntergrund legen. Bei niedriger bis mittlerer Temperatur und mit Dampf ca. 10 Sekunden aufbügeln. Das Bügeleisen dabei nicht schieben, sondern immer wieder abheben und schrittweise aufdrücken.

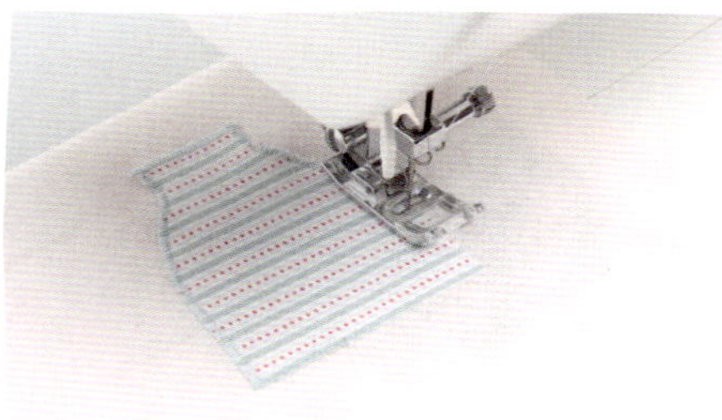

4 Das Motiv entlang der Schnittkanten mit einem kleinen und eng eingestellten Zickzackstich aufnähen und darauf achten, dass die Kanten gleichmäßig schön umschlossen und überdeckt werden. Zum Sichern der Naht keine Rückstiche nähen, sondern den Oberfaden auf die Rückseite ziehen und mit dem Unterfaden verknoten.

STOFFTEILE VERSTÜRZEN

Die Technik des Verstürzens benötigt man, wenn zwei gleiche Stoffteile später rundherum ohne eine Öffnung zusammengenäht sein sollen. Die Kanten können hierbei mit dehnbaren Bändern wie Paspeln, Schrägbändern oder Zackenlitzen betont werden.

1 Zwei Stoffteile zuschneiden und eine Wendeöffnung auf der Nahtzugabe markieren. Sollen schmale Bänder oder Zackenlitzen als Kantenverzierung dienen, muss die Nahtlinie auf die rechte Seite eines der beiden Stoffteile übertragen werden, damit die Verzierung beim Nähen auch mitgefasst wird. Bei breiten Bändern kann stattdessen eine Längskante bündig zur Schnittkante aufgesteckt werden.

2 Die Verzierung ringsum entlang der Nahtlinie auf die rechte Seite eines Stoffteils aufstecken. Benötigt das fertige Modell einen Aufhänger, kann dieser gleich an der Oberseite mitgefasst werden. Das Band oder die Zackenlitze rechts knapp neben der Nahtlinie auf die Nahtzugabe heften und aufnähen.

3 Beide Stoffteile rechts auf rechts aufeinanderlegen und feststecken. Die Teile bis auf die markierte Wendeöffnung ringsum zusammensteppen, nun jedoch links neben der ersten Naht, sodass diese auf der rechten Seite nicht sichtbar ist. Unnötige Nahtzugaben auf ca. 3–7 mm Breite zurückschneiden. An der Öffnung sollten jedoch mindestens 7 mm Zugabe bleiben. Nun die Zugaben schräg abschneiden, einkerben oder einschneiden.

4 Nun das Stoffteil durch die Öffnung wenden, die Nahtränder nach außen ziehen und Ecken und Rundungen in Form bringen. Die Kanten bügeln, dabei darauf achten, dass die Naht genau dazwischenliegt. Die Form eventuell füllen und die Öffnung von Hand z. B. mit Staffierstichen schließen (siehe Seite 127).

PERLENSTICKEREI

Die Verzierungen verleihen sowohl Kleidungsstücken als auch Wohntextilien eine edle Wirkung. Sie können einzeln, in Gruppen oder als Kette aufgenäht werden, am besten mit einem Faden in gleicher Farbe oder einem transparenten Faden. Für Perlen mit sehr kleiner Öffnung verwenden Sie am besten eine lange dünne Perlennadel. Je nach Zweck und gewünschter Optik gibt es verschiedene Möglichkeiten des Aufnähens.

PAILLETTEN

Die Nadel von unten nach oben durch den Stoff und das Paillettenloch ausstechen, dann dicht neben der linken Paillettenkante nach unten einstechen. Erneut durch das Loch nach oben ausstechen und an anderer Stelle neben der Kante wieder nach unten einstechen. Anzahl der Stiche nach Wunsch.

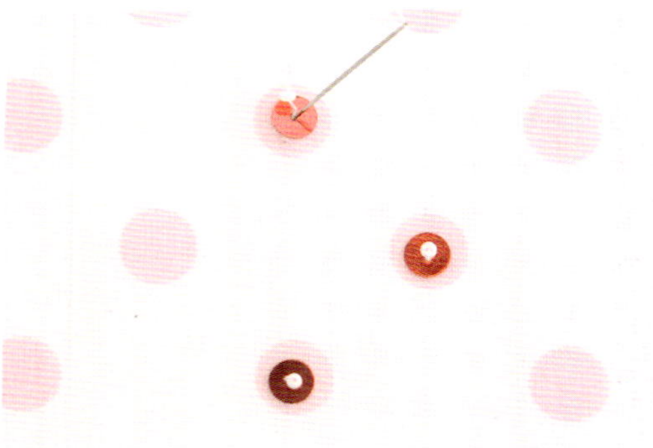

PAILLETTEN MIT PERLEN

Die Nadel von unten nach oben durch den Stoff und das Paillettenloch ausstechen, dann eine kleine Perle, z. B. eine Rocaille, auffädeln. Nun zurück durch das Paillettenloch nach unten einstechen.

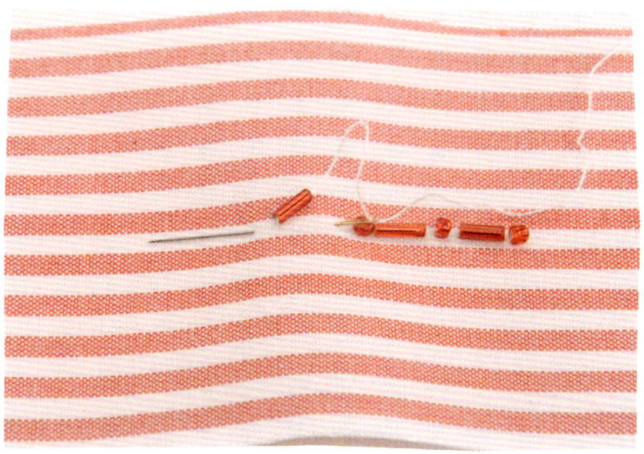

PERLENREIHE

Die Nadel von unten nach oben durch den Stoff ausstechen und eine Perle auffädeln, dann hinter der Perle zurück nach unten einstechen. Zwei Perlenlängen weiter vorn wieder nach oben ausstechen und die nächste Perle auffädeln. Falls die Perle, die anschließend aufgenäht wird, eine andere Größe hat, muss dies für den Ausstich entsprechend berücksichtigt werden.

Perlenband

Die Bänder können entweder fertig gekauft oder alternativ in der gewünschten Länge selber aufgefädelt werden. Dazu die Perlen (z. B. Pailletten, Stäbchen oder Rocailles) in der erforderlichen Anzahl auf einen stabilen Faden reihen, auf den Stoff legen und mit einem Extrafaden und Überwendlingsstichen aufnähen.

Die Nadel von unten nach oben durch den Stoff stechen und den Faden im rechten Winkel über das Band legen. Dann dicht neben dem Band ein- und nach der nächsten Perle wieder auf der anderen Bandseite ausstechen. Beim Paillettenband den Faden nach jedem Stich zwischen die Pailletten schieben, damit er nicht sichtbar ist. Bei sehr kleinen Perlen wie Rocailles ist das Fixieren je nach Beanspruchung auch in Abständen von ca. 1 cm ausreichend.

Strasssteine

Aufnähstrass gibt es in den unterschiedlichsten Formen, mit und ohne Metallkessel. Damit die Strasssteine aufgenäht werden können, sind sie gelocht oder mit einer tunnelartigen Bohrung versehen, z. B. in Kreuzform.
Die Nadel von unten nach oben durch den Stoff stechen und durch eine der Öffnungen des Strasssteins führen, dann hinter dem Stein zurück nach unten stechen. In gleicher Richtung drei- bis viermal durch die Öffnung nähen, dann auf die gleiche Weise durch die andere Öffnung nähen.

HANDSTICHE

Nähen und Sticken ergänzen sich wunderbar: Selbst genähte Heimtextilien und Accessoires lassen sich mit gestickten Zierstichen ganz nach Geschmack individuell abrunden. Zum Arbeiten von Hand werden je nach Stoffqualität und Verwendungszweck schlichte Nähgarne oder effektvolle Stick- und Applikationsgarne verwendet. Diese Garne sind aus Natur- oder Kunstfasern wie Baumwolle, Seide, Acryl und Polyester hergestellt.

Für auffällige Dekorationen eignen sich auch Kordeln und dünne Bänder. Je dicker das Garn für eine Ziernaht gewählt wird, umso plastischer erscheint diese. Kurze Stiche erzeugen eine haltbarere Naht als lange. Nach jedem Stich sollte der Faden gleichmäßig festgezogen werden, sodass er weder zu fest noch zu lose liegt und sich dem Stoff anpasst.

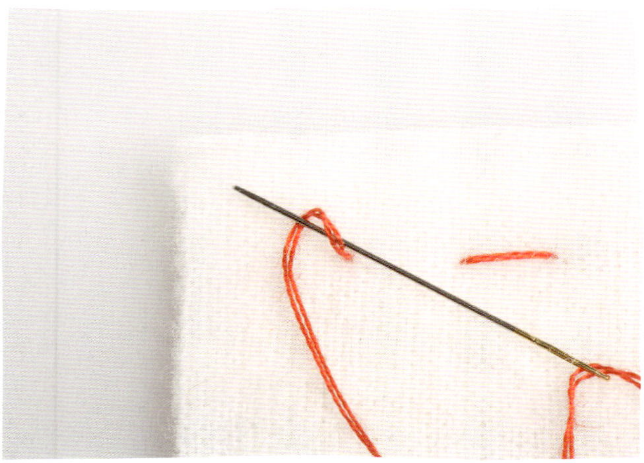

HANDNÄHNADEL EINFÄDELN

Den Faden in der gewünschten Länge mit einer scharfen Schere von der Garnrolle abschneiden. Er sollte jedoch nicht länger als ca. 60 cm sein, weil er sich sonst schnell verknoten kann. Ein Fadenende in die geeignete Stick- oder Handnähnadel einfädeln und etwa ein Viertel der Länge durchziehen. Das Einfädeln gelingt leichter, wenn der Faden schräg abgeschnitten und das Ende angefeuchtet wird. Alternativ kann auch ein Nadeleinfädler zu Hilfe genommen werden.

NAHTANFANG

Damit der Faden nicht aus dem Stoff herausrutschen kann, am langen Fadenende einen Knoten schlingen. Dafür zuerst eine Schlaufe legen und das Ende hindurchziehen. Mit der Nadel von unten nach oben durch den Stoff stechen, sodass der Knoten auf der linken Stoffseite liegt. Die meisten Nähte werden mit einem Knoten begonnen, bei sehr dünnen Stoffen sind jedoch zwei übereinanderliegende Rückstiche geeigneter (siehe Seite 127).

NAHTENDE

Auch das Fadenende wird mit einem Knoten gesichert. Dafür eine Schlaufe über die Nadel legen und diese durchziehen, sodass ein Knoten entsteht. Alternativ ein bis zwei kleine Rückstiche arbeiten (siehe Seite 127). Das überstehende Fadenende abschneiden.

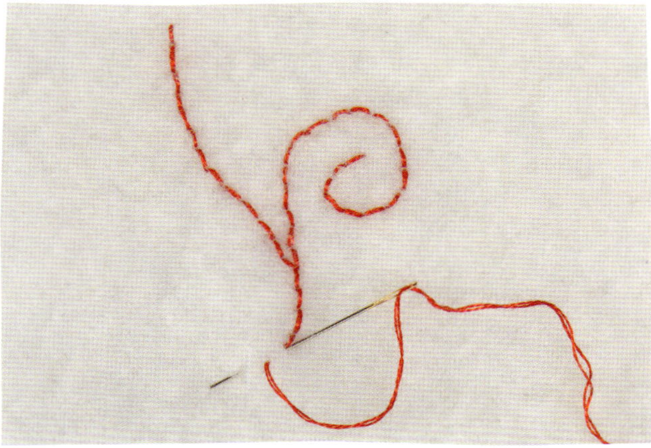

RÜCKSTICH

Mit dem Rückstich gelingt eine stabile Handnaht. Er wird häufig für Konturen und Linien verwendet. Auf der Rückseite sind die Stiche doppelt so lang wie auf der Vorderseite. Von unten nach oben durch den Stoff stechen. Die Nadel eine halbe Stichlänge hinter der Ausstichstelle in den Stoff einstechen und eine halbe Stichlänge vor der Ausstichstelle wieder nach oben führen. Ab jetzt ist die Einstichstelle beim Zurückstechen immer die Ausstichstelle des vorherigen Stiches. Fortlaufend wiederholen.

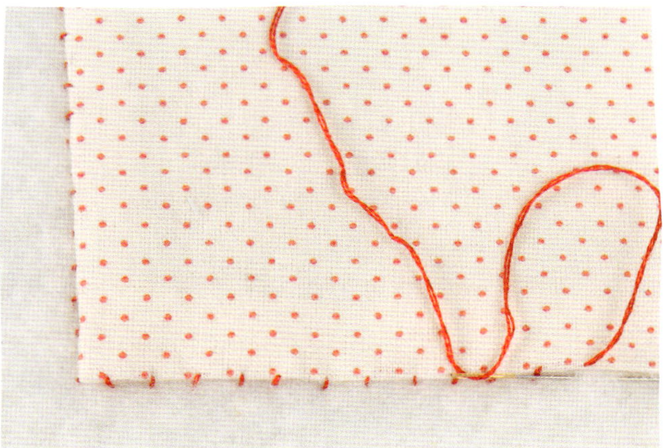

STAFFIERSTICH

Der Staffierstich ist bei Verwendung eines Fadens Ton-in-Ton kaum sichtbar und eignet sich daher besonders gut zum Zusammennähen von zwei eingeschlagenen Stoffkanten, z. B. an einer offenen Nahtstelle, die von innen schwer zugänglich ist. In der Bruchkante des gefalteten Stoffes ausstechen, dann die Nadel direkt gegenüber in den Stoff stechen und nach Stichlänge ausstechen. Den nächsten Stich wieder direkt gegenüber in die Bruchkante einstechen, durchführen und ausstechen. Auf diese Weise abwechselnd durch Stoff und Bruchkante arbeiten. Auch eine Applikation kann mit diesem Stich aufgenäht werden.

SERVICEGARANTIE:
Bei Fragen zu einzelnen Materialien oder Techniken wenden Sie sich bitte an unseren Kreativservice:
Frau Erika Noll
mail@kreativ-service.info
Telefon 0 50 52 / 91 18 58 *
* (normale Telefongebühr)

Modelle: © Bauer Living KG, Redaktionsagentur deco&style Experts, Burchardstraße 11, 20077 Hamburg

Fotos: © Bauer Living KG, Redaktionsagentur deco&style Experts, Burchardstraße 11, 20077 Hamburg (Modell-Fotos); Lichtpunkt, Michael Ruder, Stuttgart (alle übrigen)

Produktmanagement: Mareike Upheber
Lektorat: no:vum, Susanne Noll, Hennef
Gestaltung: Ortrud Müller – Die Buchmacher, Köln
Satz: Ortrud Müller – Die Buchmacher, Köln
Druck: BALTO print, Litauen

1. Auflage 2016

ISBN 978-3-7724-6448-5 • Bestell-Nr. 6448